Jannys KOMBILA

RIMES D'ENFANT

Poésie

…A ma progéniture
Un hoir auteur futur

A Lenny Bryan
A Givarol Rolgy
A Melphie Nastya
A Iniva Miléna
A Vicky-Jo Méliannys

*

A toi Joynell de là-bas
Caresse cette poésie d'en bas.

"*Instruire le vieillard, c'est écrire sur l'eau ; instruire l'enfant, c'est écrire sur la pierre.*"
Citation arabes ; Livre des proverbes arabes - IIe siècle.

"*Un enfant, n'est-il pas toute l'humanité ?*"
Citation d'Honoré de Balzac ; Eugénie Grandet - 1833.

"*L'on est enfant toute sa vie, et l'on ne fait que changer d'amusements et de poupées.*"
Citation de Christine de Suède ; Maximes et pensées - 1682.

© 2010 Jannys Kombila
Edition : Books on Demand GmbH, 12/14 rond-point des Champs Elysées, 75008 Paris, France
Imprimé par : Books on Demand GmbH, Norderstedt, Allemagne
ISBN 978-2-8106-1960-3
Dépôt légal : août 2010

LE BEAU SOLEIL

Regardez le beau soleil
Aux couleurs vermeilles
Il réchauffe la terre
Il attendrit la mer

Regardez le beau soleil
Qui nous éclaire au réveil
C'est un petit bonheur
Comme une belle humeur

Regardez le beau soleil
Qui nous donne l'éveil
Il nous porte l'harmonie
Des cœurs en monotonie

Jannys KOMBILA

LA LUNE DE MAMAN

J'ai vu la belle lune de maman
Elle brillait comme un diamant
Dans le ciel étoilé elle souriait
Et moi tout émerveillé je riais

J'ai vu la belle lune de maman
Sous la brise et l'air enchantant
La nuit était claire et parfumée
Les fenêtres noires et fermées

J'ai vu la belle lune de maman
Pareille à un joli petit croissant
Elle scintillait et se cachait de moi
Quand les nuages passaient sans joie

Jannys KOMBILA

LE CIEL D'AUTOMNE

Comme il est beau le ciel d'automne
La saison des églises sans aumônes
Tout tombe les amours et les feuilles
Comme ces fleurs fanées des deuils

Comme il est beau le ciel d'automne
L'air du temps n'est plus monotone
La pluie s'en vient et s'en va en larme
Sur les arbres des branches sans charme

Comme il est beau le ciel d'automne
Qui nous rappelle les rires jaunes
Des petites vacances chez grand-mère
Quand pleurait de bonheur mon père

Jannys KOMBILA

LA PLUIE

Il pleut ! Il pleut sur nos têtes
Fuyons tous la grande tempête
Les rues et les allées sont humides
Courons tous ne soyons pas timides

Il pleut ! Il pleut sur nos têtes
Tout autour de nous s'arrête
Le vent souffle la pluie tombe
L'orage gronde comme une bombe

Il pleut ! Il pleut sur nos têtes
Personne sur les parcs de fêtes
Les parapluies nous protègent
Les bambins sont en cortège

Jannys KOMBILA

LE VENT QUI PASSE

Le vent qui passe nous rafraîchit
Il souffle sur nos visages blanchis
Il nous apporte le bien être vital
Comme le doux plaisir d'un récital

Le vent qui passe nous rafraîchit
Dans ces durs moments de gâchis
Il voyage vers les saisons de vie
Il partage la satisfaction et l'envie

Le vent qui passe nous rafraîchit
C'est un angelot aux ailes réfléchies
Il traverse les vallées et les années
Et demeure en nous dans nos pensées

Jannys KOMBILA

LA MER

Ils voulaient connaître la mer
Ses secrets et sa vraie terre
Parti aux quatre coins du monde
Fuir la haine des gens immondes

Ils voulaient connaître la mer
Comme la douceur d'une mère
Apprendre à l'aimer à la chérir
S'émouvoir dans l'eau sans périr

Ils voulaient connaitre la mer
Pour y vivre à jamais dans l'air
Sentir le vent marin qui danse
Quand dorment les vagues denses

Jannys KOMBILA

LE VIEUX BATEAU

Le vieux bateau de mon grand- père
Il navigue sur les océans et les mers
Sans grande voile sans gouvernail
Il voyage et aborde sans mailles

Le vieux bateau de mon grand- père
Il traverse les îles et glisse sur les flots
C'est un grand chalutier et lui un marin
Il a vaincu les ouragans et les requins

Le vieux bateau de mon grand- père
Il gagnera bientôt les endroits déserts
Demain il s'en ira sans destination
A la découverte d'autres sensations

Jannys KOMBILA

LA MONTAGNE

J'irai voir la grande montagne
Sentir l'air frais de campagne
Gambader dans les prés en folie
Cueillir les marguerites et les lys

J'irai voir la grande montagne
Planer en altitude sans hargne
Combattre mes grandes peurs
Affronter le vent des hauteurs

J'irai voir la grande montagne
Avec mes amis de la Bretagne
Nous arpenterons les collines
Et planterons les églantines

Jannys KOMBILA

LA RENTREE

C'est la rentrée des classes
Dans la cour tout s'amasse
Les jeunes élèves dépaysés
Les anciens écoliers enjoués

C'est la rentrée des classes
Chacun démarque sa place
Cartable cahiers trousse remplie
Bermuda et chemise sans plis

C'est la rentrée des classes
Les visages effarés se glacent
Voilà l'instituteur un homme beau
Il nous sourit devant le tableau

Jannys KOMBILA

LA TERRE D'OR

Je suis né sur la terre d'or
Là où tout est vie et effort
Dans la vallée des fleurs
Dans les paysages de cœur

Je suis né sur la terre d'or
Là où s'enterrent les remords
Dans l'imaginaire des elfes vermeils
Là où se lèvent tous les soleils

Je suis né sur la terre d'or
Au pays de la faune de la flore
Aussi immense que les rêveries
Un paradis où jamais rien ne péri

Jannys KOMBILA

LA PETITE POUPEE

Elle a des cheveux longs la petite poupée
Un visage d'ange et des sourcils groupés
Elle me parle sans bouger sa bouche
J'ai toujours trouvé son air très louche

Elle a des cheveux longs la petite poupée
Comme une grande mèche de fil velouté
C'est une jolie et plaisante jouvencelle
Elle s'habille toujours qu'en demoiselle

Elle a des cheveux longs la petite poupée
Elle ne prend jamais ses petits goûtés
Moi j'aime son sourire de petite coquine
Quand je lui dis des secrets en sourdine

Jannys KOMBILA

LE PONT DES VACANCES

Voici le pont des vacances
Il est grand et il se balance
C'est la mairie qui l'a construit
Jamais ce joyau ne sera détruit

Voici le pont des vacances
Il nous rappelle les romances
Des souvenirs et des vertiges
Comme des oiseaux en voltige

Voici le pont des vacances
Il se souvient de notre enfance
Lui qui a traversé les âges
Et vu beaucoup de visages

Jannys KOMBILA

LE CHIEN MORT

Il est mort Bouboule le chien
Une nuit au-dehors sans lien
Marchant sans guide sans chemin
Sans aboyer comme ces matins

Il est mort Bouboule le chien
Comme ces animaux sans rien
Qui déambulent dans les rues
Le regard triste et l'air éperdu

Il est mort Bouboule le chien
Sans aide sans un dernier câlin
Emportant les moments de joie
Dans les parcs et prés en émoi

Jannys KOMBILA

LE CHAT QUI MIAULAIT

Le chat qui miaulait sur le toit
Etait à notre voisin bourgeois
On l'appelait minou le chaton
Il aimait jouer avec des bâtons

Le chat qui miaulait sur le toit
Cachait souvent son joli minois
Il gambadait comme un félin
Sur la grande carpette de lin

Le chat qui miaulait sur le toit
Etait toujours triste comme moi
Il dormait le jour et veillait la nuit
Et un jour d'hiver il s'était enfui

Jannys KOMBILA

MON REVE D'ENFANT

J'ai rêvé d'un monde d'enfants
Un univers de jeux sans parents
Une vie joyeuse de beaux plaisirs
Comme un verger aux bons désirs

J'ai rêvé d'un monde d'enfants
Une terre aux cœurs aimants
Des oiseaux sifflotant dans l'air
Des fruits murs pourtant amers

J'ai rêvé d'un monde d'enfants
Un paradis comme un soleil levant
Où tous les bambins mains liées
Chanteront pour les orphelins spoliés

Jannys KOMBILA

LE GRAND ETANG

J'irai me baigner dans le grand étang
Comme font les canards au printemps
Je plongerai sans hâte pour me rafraîchir
Me mouiller la frimousse sans réfléchir

J'irai me baigner dans le grand étang
Comme les feuilles qui ont fait leur temps
Et le soleil dans mes yeux mouillés
Et la fange sur mes souliers souillés

J'irai me baigner dans le grand étang
Comme mes parents le faisait d'antan
M'évanouir d'émotion près de la rive
Courir et comprendre ceux qui vivent

Jannys KOMBILA

MA PREMIERE ROBE

Ma première robe était sans dentelle
Je ne la portais qu'après des querelles
Elle me rappelait ma petite belle sœur
Qui me gardait souvent des rancœurs

Ma première robe était sans dentelle
Je ne voulais pas être une demoiselle
Juste une petite fille au sourire étrange
Une fleur d'amour à la frimousse d'ange

Ma première robe était sans dentelle
Elle avait les formes d'une sauterelle
Et quand je la mettais sans barrette
Je ressemblais à cousine Margarèthe

Jannys KOMBILA

LE TRAIN

Le train est parti tôt ce soir
Je ne lui ai pas dit au revoir
Il est allé vers la ville de tours
Où s'en vont aussi les vautours

Le train est parti tôt ce soir
Je suis resté triste à me voir
Les yeux mouillés de larmes
Le cœur rouge de flammes

Le train est parti tôt ce soir
Et dans la nuit il va pleuvoir
Je ne le verrai plus jamais
Le beau train que j'aimais

Jannys KOMBILA

LE CERF-VOLANT

Comme un cerf-volant je volerai dans l'air
Au dessus des rivières dans l'atmosphère
J'irai chercher Dieu et les anges généreux
Pour apporter à la terre les jours heureux

Comme un cerf-volant je volerai dans l'air
J'inviterai tous les oiseaux de l'univers
A partir vers la lumière du grand bonheur
A voir où se cachent les rêves et l'humeur

Comme un cerf-volant je volerai dans l'air
Quand le ciel d'octobre ne sera plus couvert
Quand les arbres laisseront partir le feuillage
A l'heure où dormiront les cases du village

Jannys KOMBILA

LE SERPENT

Il m'a mordu le petit serpent
Je n'ai pas ressenti ses dents
Heureusement qu'il est inoffensif
J'étais déjà tout apeuré et pensif

Il m'a mordu le petit serpent
Caché sous l'herbe et le banc
Dans le grand jardin de pépé
Où je jouais avec mon épée

Il m'a mordu le petit serpent
Sur mes petits pieds d'enfant
Le voilà qui s'en va en courant
Me laissant triste et souffrant

Jannys KOMBILA

MON AMOUREUSE

Mon amoureuse s'appelait Elodie
Je lui chantais des douces mélodies
Elle me souriait quand je m'en allais
Et m'embrassait quand je sanglotais

Mon amoureuse s'appelait Elodie
Elle était dans l'école la plus jolie
Dans la cour je cherchais son visage
Elle me rendait tendre et aussi sage

Mon amoureuse s'appelait Elodie
Elle était charmante et très polie
En classe je m'assaillais près d'elle
Je l'aimais comme une demoiselle

Jannys KOMBILA

LE MECHANT VOISIN

Le méchant voisin nous faisait peur
Il nous donnait de grandes frayeurs
C'était un homme court et barbu
Le regard sévère et le sourire ardu

Le méchant voisin nous faisait peur
Il nous souhaitait que des malheurs
Il avait une petite canne de bois
Qu'il maintenait toujours sur soi

Le méchant voisin nous faisait peur
Il nous gardait une grande rancœur
Et le jour où nous avions déménagé
Il disait qu'il était maintenant soulagé

Jannys KOMBILA

QUAND VIENDRA L'HIVER

Quand viendra l'hiver il fera très froid
La neige tombera sur les allées en joie
Nous sauterons sur les prés enneigées
Et glisserons sur les chemins dégagés

Quand viendra l'hiver il fera très froid
Le vent soufflera et nous causera l'effroi
Nos mains grelotteront sous nos manteaux
Les maisons se transformeront en fourneau

Quand viendra l'hiver il fera très froid
Les nuits seront glaciales des fois
Nous dormirons sous des grosses couettes
Pour trouver un sommeil doux et chouette

Jannys KOMBILA

MON SOUVENIR

Je me souviens de mes premiers pas
J'étais tout petit dans les bras de papa
Je tétais sans cesse le sein de maman
Sous son regard protecteur et charmant

Je me souviens de mes premiers pas
Dans ce berceau à l'harmonie sympa
Des couleurs comme un bonheur d'amour
Des sourires comme une lumière du jour

Je me souviens de mes premiers pas
Sur ma table où je prenais mes repas
Sur ce tapis d'éveil aux divers dessins
Quand mes parents m'appelaient poussin

Jannys KOMBILA

LA SAISON SECHE

La saison sèche a commencé
Il faut brûler pour ensemencer
Les terres sont sèches et arides
Il faut l'eau pour les rendre humides

La saison sèche a commencé
Les travaux champêtres ont avancé
Préparons les engrais et les grains
Nous planterons la banane plantain

La saison sèche a commencé
Le terrain fertilisé sera agencé
Là on plantera les belles patates
Et plus loin les grosses tomates

Jannys KOMBILA

MON PERE

Mon père est un homme d'effort
Je l'aime de tout mon cœur très fort
Il me donne une bonne éducation
Il m'aide à faire mes récitations

Mon père est un homme d'effort
Il est toujours là quand je m'endors
Il me conduit sans cesse à l'école
Il occupe toujours le premier rôle

Mon père est un homme d'effort
Je veux qu'il me dise un conte encore
Quand je serai grand je serai un bon père
Et je dirais à mes enfants qu'il était super

Jannys KOMBILA